Mi cuerpo es **MíO**

Mi cuerpo es **MÍO**

Un libro para enseñar a los niños chicos cómo resistir el contacto incómodo

Lory Freeman | Ilustraciones de Carol Deach

Parenting Press
Chicago

ISBN 978-0-943990-19-4

Parenting Press
814 North Franklin Street
Chicago, Illinois 60610

www.ParentingPress.com

INTRODUCCIÓN

Es importante que los padres y los maestros fomenten la independencia en los niños pequeños por medio de la enseñanza de métodos efectivos para enfrentarse a varias situaciones. Las teorías sobre el desarrollo del niño ponen énfasis en el alcance de la autonomía personal por medio de un sentido de mayor iniciativa y control.

El libro de Lory Freeman está en acuerdo con estos principios pues produce para los niños una posición asertiva para poder controlar su cuerpo y sus emociones. Su acercamiento cuidadoso al problema prepara al niño para poder responder apropiadamente al asalto físico sin provocarse en sí los sentimientos de culpabilidad que suelen ser tan dañinos. *Mi Cuerpo es MIO* es un método delicado de introducir a los niños a un problema prevalente en nuestra cultura.

Sondra Plone, Ph.D.
Sicología

Los Angeles, California
Octubre, 1982

Estimados Padres de Familia:

Hasta recientemente, el abuso sexual era un crimen que rarísima vez se discutía con los niños. En la mayoría de casos oíamos vagas amonestaciones de nuestros padres acerca de los **desconocidos,** y nosotros, quizás pasamos las mismas amonestaciones a nuestros hijos. Sin embargo, pocos recibimos información específica respecto al abuso sexual, o los métodos que podríamos usar para protegernos. Así muchos padres escrupulosos titubean antes de hablarles a sus hijos sobre el abuso sexual a pesar del hecho que se ha indagado que el niño informado respecto a dicho crimen con mayor frecuencia evita ser víctima.

Mi Cuerpo es MIO fue escrito para facilitar a los adultos y a los preescolares en comunicarse sobre el abuso sexual con un mínimo de vergüenza y temor y con un máximo de confianza en sí y mutua. Usted no encontrará casos específicos ni relatos de abuso sexual en este libro. Los preescolares no están listos para comprender discusiones detalladas del tema. Que sí están listos para aprender cómo sus propias sensibilidades pueden facilitar las decisiones sobre lo que sí o no permiten en su cuerpo, y cómo comunicar dichas decisiones. Tal aprendizaje les sirve a los niños como un primer paso vital hacia la protección del abuso sexual.

Así pues, le animamos no sólo a leérselo a sus hijos sino también a compartir de este libro con ellos. Al leer el texto, pídales a sus niños que le hablen respecto a sus emociones y lo que sienten acerca de varios tipos de contacto físico. Trate de recordar su niñez y lo que sentía usted respecto al contacto personal. Posiblemente usted querrá contarles algunas experiencias suyas.

Mi Cuerpo es MIO enseña dos **claves del contacto** que debían de llegar a ser respuestas automáticas a cualquier contacto incómodo. Usted puede introducir las estrategias protectivas para sus hijos, practicándolas con ellos al leer ***Mi Cuerpo es MIO.*** Enséñeles a confrontarle, señalar la negativa, y decir las claves clara y seriamente sin reírse, como si de veras esas son sus intenciones.

Una vez aprendidas las **claves,** usted podría fortalecer la comprensión de sus hijos contándoles situaciones en las que podrían usar las **claves de contacto.** Por ejemplo es apropiado responder con la clave "¡No me gusta! ¡No lo permito!" en caso de un abrazo desagradable o demasiadas cosquillas.

Cuando hayan leído ***Mi Cuerpo es MIO*** y hayan discutido las **claves** es importante decirles a sus niños que si alguna vez alguien les fuera a tocar de una manera incómoda o molesta, que vengan derecho a decírselo a ustedes.

A la gran mayoría de niños les gusta tanto ***Mi Cuerpo es MIO*** que quieren escucharlo vez tras vez. Eso está bien porque la enseñanza sobre la seguridad preventiva tiene que repetirse muchas veces hasta que los niños la hayan asimilado, y puedan reaccionar con las estrategias protectivas.

Mi Cuerpo es MIO provee a los padres un método positivo de instruir la protección afirmativamente. Es nuestra esperanza que usted y sus niños encontrarán una grata experiencia de crecimiento al compartir este librito.

Janie Hart-Rossi
Educadora Pro Prevención del Abuso Sexual

Yo tengo algo muy especial
que me pertenece sólo a mí.

Nací con él . . .

y cambia según voy creciendo.

Pero siempre es mío solamente.
Es mi cuerpo.

Muchas veces me gusta dejar que otros
me toquen y lo permito.

Cuando llevo de la mano a un bebé
es un contacto agradable y lo permito.

Cuando dejo que me hagan cosquillas,
lo permito porque me gusta.

Cuando me hacen cosquillas muy fuertes
no me gusta y no quiero permitirlo.

Si alguien quiere darme un besote
pegajoso no voy a querer permitirlo.

Si un perro me lame y no me gusta
no quiero permitirlo.

me un besote
r permitirlo.

Si un perro me lame y no me gust
no quiero permitirlo.

Si alguien me coge y me aprieta
demasiado, tal vez no me va a gustar.

Si alguien quiere tocarme en alguna parte
o de alguna manera que me parece
desagradable, ¡no voy a permitir
que me toquen!

Esto es lo que digo: "¡No! ¡No me toque!
¡Eso no me gusta! ¡No lo permito!"

Si una persona quiere que yo lo toque en alguna parte o de una manera que me hace sentirme desagradable, no voy a permitirlo porque mi cuerpo es *mío.*

Esto es lo que digo: "¡No! ¡No le toco allí!
¡No me gusta eso!"

Ahora practícalo tú. Dilo alta y claramente. "¡No! ¡No me toque! ¡Eso no me gusta!"

Y dí también: "¡No! ¡No le toco
a usted! ¡Eso no me gusta!"

¡Qué agradable te sentirás
si te permites tocar con abrazos y amistad
cuando tú quieras.

Pero si estás con alguien y te sientes incómodo o es desagradable que te toquen no lo permitas!

Acuérdate . . . Tu cuerpo es algo muy especial que te pertenece solamente a tí.